NOTICE

SUR LA VIE ET SUR LA MORT

DE

M. DELARUE,

ANCIEN CURÉ DE NOTRE-DAME DE VERNEUIL.

————

Un Prêtre selon le cœur de Dieu est le présent le plus précieux que la Providence puisse faire à une paroisse. Eclairée par les lumières de la foi divine, façonnée à la pratique de toutes les vertus chrétiennes par les enseignements et par les exemples de son pasteur, elle voit fleurir au milieu d'elle la piété, douce compagne donnée à l'homme pour le consoler dans son laborieux pèlerinage ici-bas. Qu'il est beau le Prêtre accomplissant ainsi sa mission sainte au milieu des bénédictions des peuples ! Sa parole encourage les faibles, instruit les ignorants, inspire l'amour de la vertu et pénètre les cœurs d'horreur pour ces vices dont un seul coûte souvent à nourrir plus que deux enfants. Il parle, et des familles, que l'amour-propre ou l'intérêt avaient désunies, oublient leurs funestes divisions ; des époux qui s'aimaient, mais que des torts mutuels avaient aigris l'un contre l'autre, reforment leur conduite, et retrouvent en se réconciliant toutes les joies qu'ils avaient perdues ; des jeunes gens, que l'inexpérience avait rendus faibles contre les séductions du monde, délaissent les sentiers dans lesquels ils s'étaient égarés et redemandent le bonheur à la pieuse sagesse de leurs premières années ; des vieillards, dont les âmes étaient depuis longtemps déshéritées de toutes les consolations, se laissent attendrir et sentent leur cœur, que l'indifférence religieuse plus que l'âge avait glacé, se réchauffer aux feux divins de la charité ! Son silence lui-même est plein d'enseignements ; quel est l'homme le plus méchant et le plus perverti qui ne reviendrait pas à de meilleurs sentiments devant un Prêtre dont la vie toute entière fut une vie de foi, c'est-à-dire d'amour pour Dieu et de dévoûment pour tous les hommes qu'il aime comme ses frères ? Ces réflexions devaient naturellement précéder les lignes que nous voulons consacrer à la mémoire d'un Pasteur dont la vie fut un bienfait et dont la mort excita les plus vifs regrets. Nul ne les mérita mieux que M. l'abbé Delarue, curé de Notre-Dame de Verneuil, enlevé à l'affection de ses paroissiens le 24 mai 1854. Les parents dont

Dieu le fit naître vivaient dans l'aisance ; mais leur attachement aux lois de l'honneur, et leur fidélité aux préceptes de l'Evangile composaient la plus riche portion de leur patrimoine. Aussi quand Dieu leur eut donné ce fils, formèrent-ils le projet de ne point défaillir à la sainte mission que la Providence leur avait imposée ; ils se regardèrent comme les dépositaires d'un trésor précieux qu'ils ne devaient pas laisser périr entre leurs mains. Pleins d'horreur pour la conduite de ces pères et de ces mères qui semblent n'avoir donné à leurs enfants la vie du corps que pour leur donner la mort de l'âme, ils veillèrent à ce que leur fils se trouvât plus heureux d'hériter de leurs vertus chrétiennes que des biens frivoles et passagers qu'ils pouvaient lui laisser. Jeune fleur destinée à s'épanouir sous les rayons bienfaisants du soleil de la religion, et qui devait plus tard répandre autour d'elle tous les parfums de la piété, ils l'entourèrent des soins les plus délicats afin que le soufle empoisonné du monde n'en put étioler la fraîcheur. L'enfant prédestiné seconda par les dispositions de son cœur les desseins de ses parents, et, s'il est vrai que dans les justes on voie toujours percer à travers les voiles du premier âge les signes de leur vocation à une haute sainteté, jamais pronostics ne furent plus évidents ni moins démentis par l'avenir

que ceux qui se manifestèrent dans le jeune Delarue.
Naturellement chrétienne, comme le sont toutes les
âmes que Dieu crée, et qui semblent sur la terre se
souvenir du Ciel leur céleste patrie, son âme s'ouvrit
de bonne heure à la connaissance et à l'amour des
vérités de la religion, qui paraissaient d'autant plus
compréhensibles à sa jeune intelligence, qu'elles
passaient, pour arriver jusqu'à elle, par le cœur de
sa mère! Tout petit encore, on le voyait répéter
avec onction les touchantes prières que l'Eglise catholique, si intelligente des besoins de l'homme dans
tous les âges et dans toutes les conditions de sa vie,
place avec confiance sur toutes les lèvres ; il venait
s'agenouiller aux pieds des saints autels, et paraissait
deviner à travers le marbre sacré des tabernacles le
Dieu protecteur de l'enfance ; on ne s'étonnait point
de le voir au milieu de ses jeux lever ses regards avec
admiration sur tous les objets de la création, et
paraître y lire instinctivement le nom adorable de
Dieu. C'est ainsi qu'il préludait par une pieuse
enfance à une jeunesse chrétienne, comme il se
prépara plus tard par une jeunesse chrétienne à une
vie sainte et tout-à-fait sacerdotale. Admirable dis-
position des desseins miséricordieux de Dieu sur la
France ! quand des hommes ingrats profanaient les
temples ; où, Dieu prodiguait à tous les marques de

sa tendresse , des Anges souriaient dans leurs berceaux à des enfants dont les mains débiles devaient plus tard , sous les nobles inspirations d'un génie réparateur , replanter l'arbre sacré de la religion , replacer l'arche sainte dans le sanctuaire et rouvrir aux peuples, lassés dans la route du mal , les sources des bénédictions les plus abondantes et des plus pures félicités ! Honorons ces vénérables vétérans du sacerdoce dont la jeunesse courageuse détourna ses lèvres de la coupe enchanteresse mais trompeuse, où , tant d'infortunés boivent la mort , s'abrita dans une solitude studieuse contre les périls du monde , et ralluma au sein de nos populations le feu sacré presqu'entièrement éteint sous la lave du volcan révolutionnaire. Cette voie s'ouvrait à **M.** Delarue , il y entra résolument. Nous ne le suivrons pas dans le cours de ses études ecclésiastiques , il s'y livra tout entier , et les rendit aussi complètes qu'il le pût. Dans ces temps malheureux , la plupart des églises de France étaient veuves de leurs pasteurs : Les uns expiaient dans l'exil leur attachement à leurs devoirs , les autres avaient reçu la palme du martyre. Les populations averties par une cruelle expérience qu'on ne comble pas les abîmes , mais qu'on les creuse encore davantage en y jetant des têtes de prêtres ; que Dieu est l'ordre par excellence et par conséquent le premier principe de tout ordre ; que la religion catholique sera toujours la plus grande école du respect de tous pour tous, la sauve-garde la plus sure de tous les intérêts moraux et matériels, les populations, disons-nous, réclamèrent avec instance la présence d'un prêtre au milieu d'elles. Nos vénérables Evêques, affligés de l'état déplorable dans lequel se trouvaient les églises de leur diocèse, s'empressèrent d'accéder à des vœux si universellement exprimés. La charité fit ployer les anciennes règles, et des prêtres remplis de zèle, mais à qui le malheur des temps n'avait pas permis de suivre leurs études dans tous leurs développements, vinrent recueillir et rassembler dans nos campagnes les pierres éparses de l'édifice sacré qu'avait endommagé le vent désastreux des tempêtes révolutionnaires. M. Delarue fut du nombre de ces prêtres auxquels la religion et la société devront d'éternels remercîments pour n'avoir pas voulu que fut retardé le moment, où, la mère chrétienne verrait couler sur le front de son nouveau né l'eau régénératrice du baptême ; où, les justes trouveraient un soutien, les jeunes gens un guide, les pauvres un père et tous un ami ; où, le pécheur arrivé aux portes de l'éternité verrait s'asseoir à son chevet un prêtre dont la douce voix calmerait ses douleurs, rendrait, en la revêtant d'innocence, la paix à son âme, et lui ferait regarder, à lui pécheur il est vrai, mais pécheur répentant et réconcilié, comme un bienfait une mort si effroyable dans ses suites pour l'homme qui n'emporte avec lui dans la tombe que la triste espérance du néant ! Toutefois, nous nous hâterons de dire que M. Delarue sut mettre à profit les années qu'il consacra à son éducation cléricale ; doué d'une grande pénétration d'esprit, d'une heureuse mémoire et d'un jugement très-sain, il ne tarda pas à se rendre familiers les auteurs qui nous ont transmis les belles langues de l'antiquité et ceux qui par leurs ouvrages ont perpétué parmi nous le goût de la bonne littérature ; mais l'étude des livres saints, des Pères de l'église et de la théologie sans la connaissance de laquelle il n'y a point de science véritablement complète, fut l'objet principal de sa constante application. Aussi ses progrès furent rapides et il ne tarda pas à se concilier l'estime de ses maîtres par la régularité de sa conduite et par son avancement dans les sciences, en même temps qu'il s'attachait, par l'aménité de son caractère, le cœur de ses condisciples qui le chérissaient tendrement. Ceux d'entr'eux qui lui survivent et qui ont pleuré sa fin prématurée, se souviennent encore des charmes de sa conversation, tantôt savante, tantôt enjouée, mais toujours assaisonnée du sel de la sagesse chrétienne. Franc et discret tout à-la-fois, nul mieux que lui ne savait dire ce qu'il avait à dire, et taire ce qu'il devait taire. Fondées sur la vraie charité, ses amitiés étaient durables, et la jalousie elle-même qui est un peu de tous les états et de tous les âges, se taisait devant lui, car sa modestie lui faisait pardonner ses succès. Nous clorons ces observations sur les premières années de la vie de M. Delarue par un seul mot qui sera tout un éloge : Sa jeunesse toute entière ne fut qu'une continuelle préparation à la réception des ordres sacrés ; élevé à la dignité du sacerdoce, et appelé immédiatement à la direction de la paroisse d'Ylleville, composée de douze cents âmes, à l'âge de vingt-quatre ans, il ne fléchit point sous le redoutable fardeau qui lui avait été imposé. Se défiant extrêmement de ce qu'il appelait sa faiblesse, mais s'appuyant sur la force de Dieu même, il marcha courageusement et sans regarder derrière lui à la conquête des âmes. Les ronces, les épines dont il trouva hérissé le champ dont la culture lui avait été confiée, l'effrayèrent mais ne le découragèrent pas ; il féconda de ses sueurs ce sol ingrat qui par ses soins se couvrit plus tard des plus riches moissons. L'exactitude de M. Delarue à remplir tous ses devoirs, le zèle éclairé qui l'animait dans toutes les circonstances, où, il s'agissait des intérêts de la gloire de Dieu ou du salut des âmes, l'esprit de circonspection qui présidait à tous les actes de sa vie pastorale, le firent bientôt distinguer de ses supérieurs, toujours justes appréciateurs du vrai mérite. Un poste important vint à vaquer, il fut choisi pour continuer, dans la paroisse de Notre-Dame de Verneuil, le bien qu'avait commencé son vénérable prédécesseur, et lui seul fut étonné de la haute faveur dont il était l'objet. Le jour de son arrivée dans sa nouvelle paroisse fut véritablement pour elle un jour de bénédiction. Les fidèles qu'il avait été appelé à diriger dans les voies de Dieu ne l'eurent pas plutôt connu qu'ils apprécièrent le trésor qu'ils possédaient, et quelques mois ne s'étaient pas écoulés que tous se félicitaient de l'avoir pour pasteur! La suite de sa vie ne démentit point de si heureux commencements, et jusqu'à la fin de sa carrière trop courte, hélas! il se montra digne de toute la vénération et de tout l'amour filial dont l'entourèrent ses paroissiens reconnaissants; d'une admirable pureté de mœurs, il semblait porter dans un corps fragile une âme toute angélique; il ne connaissait les passions que pour les réprimer, et saintement occupé à faire fleurir en lui toutes les vertus il n'avait pas même la vanité de la sainteté, intime mais dangereuse passion des âmes les plus généreuses et les plus délicates, qui, quand toutes les autres sont abattues, seule reste encore debout, triomphe de leurs défaites, s'agrandit de leurs débris et vit souvent de sa propre mort. C'est qu'il aimait Dieu comme Dieu désire et mérite d'être aimé, et que cet amour vif et profond purifiait toutes ses affections, sanctifiait tous ses désirs, et éclairait sans cesse son âme des plus brillantes clartés de la grâce. Pourtant sa piété solide et éclairée n'avait rien d'austère; la sérénité de sa belle âme se reflétait toujours sur ses traits et la bonté de son cœur passait toute entière sur son visage. Familiarisé avec la pratique du bien, il semblait le faire naturellement, et son existence s'écoulait tranquille, embellie de toutes les vertus, comme ces fleuves qui suivent paisiblement leur cours parmi les fleurs que leurs eaux limpides font naître et s'épanouir. Aimant Dieu de tout son cœur et goûtant toutes les douceurs que l'on trouve dans le service d'un si bon maître, pouvait-il ne pas s'efforcer d'établir son règne dans toutes les âmes, et de les faire entrer en communication des pures félicités qu'il devait lui-même à une constante fidélité à tous ses devoirs? Non, toutes ses pensées étaient tournées vers un but unique, celui de contribuer au bonheur de ses paroissiens en les exhortant à le demander à la religion. Ce but, il n'omit rien pour l'atteindre. Que d'ardeur dans un corps déjà vieilli par les travaux plus encore que par les années, pour courir après les pauvres brebis égarées, et les rapporter sur ses charitables épaules au bercail du pasteur commun de tous les fidèles! Que d'empressement à mettre à profit toutes les occasions de ramener à la vérité des âmes égarées par l'esprit du mensonge! Que de prières ferventes répandues aux pieds des saints autels pendant le jour, et aux pieds de son crucifix dans la solitude des nuits pour que le Seigneur amollît le cœur de ce pécheur endurci, raffermît les pieds de ce juste ébranlé dans ses résolutions et chancelant dans ses voies ! C'est peut-être à ces effusions solitaires, à ces mortifications dont il ne voulait que Dieu pour témoin, que vous devez, ô tendre mère, la conservation d'un fils que vous disputait la mort, et vous, jeune fille, l'avantage précieux d'avoir gardé dans toute sa chaste pureté le riche trésor de votre innocence ! Il favorisait de tout son pouvoir et de tout son zèle ces pieuses associations qui maintiennent et tendent à perpétuer dans les paroisses l'esprit de ferveur ; dévoué à Marie, la reine des Anges, il aimait à propager son culte et il disait souvent que le peu de bien qu'il faisait il ne le faisait que par elle. C'est aux pieds de Marie qu'il nourrissait cette tendre compassion qu'il ressentait

pour les pécheurs. Sa mansuétude n'allait pas toutefois jusqu'à fermer les yeux sur leurs fautes ; il leur
en dévoilait toute la noirceur, et savait cicatriser les
plaies qu'elles faisaient aux âmes en y répandant le
vin de la fermeté avec l'huile de la douceur. Il avait
sans cesse les armes à la main pour combattre la
médisance, péché que presque tout le monde déteste
et que presque tout le monde commet ; le blasphême,
sauvage insulte de l'homme contre Dieu ; la haine,
cet horrible cancer de la charité chrétienne qui dévore
tant de cœurs et tue tant d'âmes ! Il versait des larmes
amères sur la profanation du dimanche qui appauvrit
plus qu'elle n'enrichit, et ne pouvait comprendre que
les hommes, oublieux de leurs intérêts les plus sacrés,
s'ensevelissent à ce point dans les choses de la terre
et ne pussent donner quelques jours à Dieu qui leur
donne l'éternité ! Pour substituer à ces vices les
vertus contraires, pour gagner tous ses paroissiens à
Jésus-Christ, il se faisait tout à tous. Mais les pécheurs, les malades, les enfants, les pauvres furent
surtout les objets constants de sa pieuse sollicitude.
Les pécheurs ! avec quelle onction il leur parlait !
avec quelle miséricorde il les accueillait quand il les
avait décidés à déposer avec confiance dans son sein
leurs pénibles aveux ! pauvres plantes battues par
tous les vents, et privées de la sève vivifiante sous

le soufle aride du péché, comme il se courbait avec tendresse vers elles et relevait avec amour vers les cieux, pour les faire refleurir, leurs tiges desséchées ! il semblait sortir de son âme un baume tout divin pour guérir les blessures des autres, et s'échapper de son cœur un trésor surabondant des divines miséricordes qui rachète du désespoir une des plus épouvantables maladies de l'âme pécheresse, comme une des plus difficiles à guérir. Mais c'est principalement dans le sein des mourants qu'il répandait les trésors de sa charité ! Il sentait son cœur se serrer d'une sainte tristesse quand il voyait quelques-uns de ces malheureux en qui le péché avait effacé les traits de la ressemblance du Créateur, se laisser entraîner vers la mort et vers la mort éternelle sans manifester le moindre désir de revenir à leur Dieu et de réparer par un repentir efficace les fautes de leur vie passée. Oh ! comme à cette heure solennelle, où allait se déchirer pour une âme le voile qui sépare le temps de l'éternité, comme à cette heure il multipliait les efforts de son zèle et ne cessait d'exhorter, d'encourager, de prier jusqu'à ce que la mort eût rompu les liens qui retenaient cette pauvre âme captive dans sa prison de chair ! Les deux extrémités de la vie se touchent par bien des points, et il y a pour l'homme une grande connexion entre la conduite qu'il a tenue dans les premières années de son existence et celle qu'il tiendra dans les derniers moments qui termineront sa carrière. Le marbre de la tombe réfléchit les rayons de la foi qui ont brillé sur le berceau, et l'on voit souvent la dépravation précoce de l'enfance projeter ses tristes lueurs sur le pâle front de la vieillesse. Une longue expérience avait convaincu M. Delarue de cette importante vérité ; aussi croyait-il avec raison préparer ses paroissiens à une sainte mort en les initiant, dès leur jeune âge, à une vie de discipline et de piété. Il avait comme le divin Maître une tendre prédilection pour les enfants, douces fleurs d'innocence toutes fraîches écloses et dont les feux brûlants du jour n'ont point encore fané la suave fraîcheur ; il environnait ces chers enfants de sa constante sollicitude, et ne négligeait aucun moyen de développer dans leur cœur le germe de toutes les vertus chrétiennes ; dans les catéchismes, où, il engageait les parents à les envoyer dès leur bas-âge, il savait joindre à la lucidité de ses instructions, si délicates pour de tels auditeurs, la variété, l'enjouement indispensables pour soutenir et encourager leur attention, qu'il reposait par un mélange heureux de touchants récits et d'édifiantes anecdotes. Aidé dans ces exercices, qu'il regardait avec raison comme extrêmement importants, par des Vicaires dont le zèle égalait la science, il les prémunissait par une instruction solide contre les sophismes dangereux du monde, comme un jardinier soigneux et intelligent rend, en les étayant, les frêles arbrisseaux capables de résister à la violence des vents ennemis. Quand il avait eu le bonheur de les rendre heureux de la félicité de Dieu même en leur permettant de s'asseoir à la table sainte, il ne les perdait pas de vue, son œil, comme celui d'une mère, les suivait avec une pieuse inquiétude dans les diverses carrières qu'ils avaient à parcourir; et plusieurs durent à ses sages conseils de marcher d'un pas ferme dans les sentiers fleuris de la piété qu'il leur avait ouverts, et de rester bons devant Dieu et devant les hommes. C'est ainsi du reste qu'ils ressemblaient le mieux à leur pasteur qu'ils se proposaient pour modèle. M. Delarue fut en effet agréable à Dieu et aux hommes, qui ne pouvaient s'empêcher d'estimer et d'aimer un prêtre dans la conduite duquel se résumait toute la morale évangélique, et qui joignait à une vive affection pour Dieu un amour de compassion et de tendresse pour les pauvres de Jésus-Christ. A qui en effet pourrait-on faire une application plus juste de ces paroles de Job : « La compassion est née avec moi, et je l'ai sentie comme croître en moi dès mon enfance! »

M. Delarue fut comme le saint Patriarche l'œil de l'aveugle, le pied du boiteux et le père des pauvres. Jamais le malheureux ne lui tendit en vain une main indigente. Sa charité ingénieuse trouvait mille moyens de venir au secours de ceux qui souffraient ; de pauvres femmes âgées ou chargées de famille ne pouvaient subvenir à leurs besoins? il les occupait à filer et il employait le produit de leur travail à la confection de draps qu'il distribuait à ceux que des infirmités clouaient sur leur lit de douleurs. On l'a vu plusieurs fois s'asseoir à sa modeste table et faire aussitôt après enlever les simples mets dont il avait accoutumé de se nourrir, pour être servis à des malades en faveur desquels on venait solliciter sa charité, et cela au grand ébahissement de sa gouvernante, qui trouvait bon qu'un prêtre fut humain, mais qui ne comprenait pas qu'après une journée de fatigues il pût se mettre dans la nécessité d'être privé de son modeste repas. Nous pourrions citer des traits innombrables qui témoigneraient de l'étendue de sa charité ; nous nous contenterons d'observer qu'il donnait beaucoup et qu'il savait bien donner ; il le faisait sans ostentation, s'étudiant à cacher à sa main gauche ce qu'il donnait de la droite, faisant en sorte que ses obligés pussent se souvenir de ses bienfaits sans en avoir de la confusion, et doublant leur valeur par la grâce avec laquelle il les accordait. Il portait à tous les pauvres un respect singulier ; car il voyait en eux des membres souffrants de Jésus-Christ, des amis de Dieu et des temples de l'Esprit-Saint ; il pensait d'ailleurs que les haillons de la misère peuvent cacher de grandes vertus et des sentiments généreux. Souvent il n'attendait pas qu'on eût recours à sa bonté si bien connue ; il dévançait les demandes, et des aumônes inattendues venaient surprendre sous le chaume une famille désolée qui commençait à douter de la Providence. Quelquefois sa charité se révélait sous une de ces formes qui rappelaient les mœurs patriarcales des anciens temps. Qui ne se sentirait attendri en lisant la petite anecdote suivante? Un soir, que ce bon pasteur se rendait à son presbytère, oublieux du bien qu'il avait fait dans la journée et rêvant aux moyens de le continuer le lendemain, il rencontre un soldat fatigué d'une longue route ; ayant remarqué l'air d'inquiétude répandu sur son visage, il l'aborde avec son affabilité ordinaire : — Qu'avez-vous, mon ami, vous paraissez chercher quelqu'un ou quelque chose ? — Mais oui, Monsieur le Curé, vous ne vous trompez pas, je cherche mon logement et ne puis le trouver ; je vous serais obligé de me l'indiquer. — Avec plaisir, mon ami ; venez avec moi, et, Dieu aidant, nous arriverons. — Et voilà le vieux prêtre et le jeune soldat cheminant côte à côte par les rues de Verneuil et s'entretenant comme deux amis qui se connaissent depuis longtemps. Ils arrivent enfin. M. Delarue présente un siége à sa nouvelle connaissance. — Pardon, Monsieur le Curé, mais il se fait déjà tard ; je craindrais de déranger les personnes chez lesquelles je dois descendre, d'ailleurs je suis harassé de ma longue étape de neuf lieues, je désirerais prendre quelque repos. — Eh bien, mon ami, vous pouvez le goûter ici ; j'ai peu, mais ce peu que je vous offre, je vous l'offre de bon cœur. — Ceci dit, il le débarrasse de son sac, l'invite à partager son souper, le fait coucher dans un lit bien chaud, lui donne le lendemain un déjeûner confortable, le conduit à une voiture qu'il paie, lui remet une pièce de deux francs, et paraît tout étonné de sentir la cordiale et chaleureuse étreinte d'une main qui presse la sienne, et de voir perler une larme dans les yeux du soldat reconnaissant, tant il lui semblait naturel d'être bon partout et envers tous ! De pauvres gens de la campagne accablés de ces infirmités, triste cortége de la vieillesse, mais que leurs petites affaires appelaient au marché de Verneuil, n'avaient pas un trop grand souci quand leurs doigts amaigris plongeant dans leur indigente escarcelle n'y rencontraient

que le vide, ils allaient frapper à la porte du presbytère de Notre-Dame, qu'on pouvait appeler de bon
secours, franchissaient avec confiance le seuil hos-
pitalier et trouvaient place à la table et au foyer du
digne prêtre. Ainsi s'écoulait laborieuse et pleine de
bonnes œuvres l'existence de M. Delarue, sous les
regards de Dieu et au milieu des bénédictions des
riches et des pauvres. Que lui manquait-il donc pour
entrer en possession des béatitudes éternelles qui
avaient toujours fait l'unique objet de ses désirs ?
N'était-il pas déjà mûr pour le Ciel ? Sa couronne
n'était-elle pas assez riche ? La mesure de sa sainteté
n'était-elle pas assez comblée ? Non : pierres vivantes
qui doivent entrer dans la construction du temple de
la Jérusalem céleste, les âmes doivent être taillées
par la douleur et polies par les infirmités. M. Delarue
le savait; aussi accepta-t-il avec résignation, je dirais
presque avec joie, toutes celles que Dieu lui avait
gardées pour les derniers jours de sa vie. Depuis
longtemps il portait en lui le germe de la longue et
funeste maladie qui le ravît dans sa soixante-septième
année à l'amour de ses paroissiens, et ce n'est que
quand il sentît les premières atteintes du mal, qu'il
échangea, sur les instances de son digne médecin,
contre la longue paille sur laquelle il couchait, le
matelas de mousse, auquel il substitua plus tard un

matelas de laine quand ses douleurs devinrent plus vives; au milieu de ses souffrances, et voulant, comme un valeureux soldat, mourir sur le champ de bataille, il se livrait sans craindre d'empirer son état aux fonctions les plus fatigantes du ministère, priant, prêchant, confessant quand l'épuisement de ses forces lui prescrivait de prendre un repos absolu. Aux Pâques dernières on le vit se traîner à l'Eglise pour y faire sa communion pascale, quoiqu'il fut si mal qu'on fut obligé de le porter de place en place sur un fauteuil pour le ramener à son presbytère. On lui faisait observer que ses forces ne lui permettaient plus de vaquer à ses fonctions ordinaires, il répondait qu'il se reposerait dans l'éternité, et qu'il désirait mourir dans son église, à l'autel ou au confessionnal. Bientôt ses paroissiens perdirent l'espoir de le voir se rétablir; il s'affaiblit sensiblement; mais Dieu permit qu'il conservât jusqu'à la fin la lucidité de ses idées, pour faire éclater davantage en sa mort la sainteté de sa vie. Quoiqu'il l'eût passée dans l'innocence, dans la fidélité à tous ses devoirs, dans l'exercice continuel de la charité, il redoutait la présence du Souverain Juge; il appréhendait de ne point être trouvé assez pur devant le tribunal de son Dieu. Rempli de cette humilité profonde, qui est la vertu propre des saints, il regrettait de mourir dans

n lit quand son divin Maître était mort sur la Croix,
priait à sa dernière heure ceux qui étaient auprès
e lui de le déposer sur le pavé nu de sa chambre,
in d'expirer sur la terre, ainsi que le méritait, disait-
, un pauvre pécheur comme lui! Que la mort du
iste est touchante et belle! Comme un voyageur
ssé d'un long pélerinage, il touche au terme de sa
irrière; il se réjouit de voir s'entr'ouvrir pour lui
s portes de la Cité sainte qu'il a toujours
gardée comme sa véritable patrie. La sérénité de
n âme se répand sur son visage pâli par la douleur,
ais embelli par l'espérance; il meurt, et son âme,
s'envolant, laisse empreint sur ses traits je ne
is quoi de céleste qui fait rêver des cieux et qui
it ployer la tête de l'impie lui-même sous cette
nsée : — Oui l'âme de l'homme est immortelle !
— Ainsi passa sans efforts à une vie meilleure
. Delarue; il avait demandé, l'humble prêtre, que
s obsèques fussent faites avec la plus grande sim-
licité; nul discours ne fut prononcé sur sa tombe;
ais l'affliction sincère et profonde dont se montra
énétrée la population entière de Verneuil à la nou-
elle de sa mort; mais le concours immense de
dèles qui vinrent prier sur les restes inanimés de
elui qui les avait tant aimés; mais les larmes qui
urent versées autour de la fosse quand l'heure de

la dernière séparation fut arrivée, parlèrent plus haut que les plus éloquents discours, des vertus et des mérites d'un pasteur qu'environna tant d'amour et que suivirent tant de regrets ! ! !

G.-Napoléon VENARD.

Verneuil, Impr. et Lith. A. Acard.

www.ingramcontent.com/pod-product-compliance
Lightning Source LLC
Chambersburg PA
CBHW061829060726
47597CB00008B/3428